MINUTOS DE REFLEXÃO

Dados Internacionais de Catalogação na Publicação (CIP)
(Câmara Brasileira do Livro, SP, Brasil)

Lacerda, Paulo de
Minutos de reflexão / Paulo de Lacerda. —
2. ed. — São Paulo : Ícone, 2005.

ISBN 85-274-0842-2

1. Meditação 2. Reflexão I. Título.

05-6985 CDD-158.12

Índices para catálogo sistemático:

1. Auto-ajuda : Reflexões : Psicologia aplicada
158.12

Paulo de Lacerda

MINUTOS DE REFLEXÃO

2ª Edição

Ícone
editora

Produção
Ícone Editora

Capa
Juliano R. Fanelli

Revisão
Jaci Dantas

Digitação
Luciane Mengue Preto

Diagramação
Nelson Mengue Surian

ÍCONE EDITORA LTDA.
Rua Anhanguera, 56
CEP 01135-000 – São Paulo – SP
Tel./Fax.: (11) 3392-7770
www.iconelivraria.com.br
E-mail: iconevendas@yahoo.com.br
editora@editoraicone.com.br

ÍNDICE

In Memorian

Esta pequena obra é dedicada às memórias de:

Jesus Cristo

Grande Luz da Humanidade, Mensageiro de Deus.

Carlos Torres Pastorino, MST

Grande professor, escritor e latinista brasileiro.
Inesquecível autor da célebre obra *Minutos de Sabedoria*.

Agradecimentos

Agradeço de toda minha Alma a todas aquelas pessoas conhecidas e até mesmo desconhecidas por mim, que tenham de alguma maneira contribuído de modo voluntário ou involuntário a meu processo de amadurecimento na Vida.

Que hoje me levaram a alcançar o sucesso, através de minhas obras no Brasil e no exterior.

Em especial ao senhor Carlos de Souza Neves, ex-presidente da Sociedade Teosófica do Brasil, pelo gentil prefácio desta pequena obra, escrita com todo o meu carinho ao público leitor do Brasil e de Portugal.

Minha Eterna Gratidão

Paulo de Lacerda

Coral Gables, USA

A Palavra do Autor aos Leitores

Esta pequena proposta de trabalho vem ao encontro do propósito pessoal de transmitir um pouco do conhecimento adquirido durante as várias fases da Vida em meu processo de amadurecimento, face às grandes lições aprendidas da Vida, uma das Faces Divinas de Deus.

Não nego, de maneira alguma, minha falha dimensão humana, com defeitos e qualidades, que somente serão aprimoradas durante meu processo de evolução, a que todos nós estamos sujeitos perante o Cosmo.

Não há pretensão maior que proporcionar alguns momentos de Reflexão e Paz, cada vez mais necessários nos dias atribulados deste final de milênio, em que vive a Humanidade.

Isento de qualquer personalismo pernóstico ou de promover hipócritas Lições de Moral aos leitores, fato que jamais faria sentido, à medida que, ao reconhecer minha própria imperfeição moral e espiritual, não seria jamais o Ser Justo e Perfeito para tal propósito, além de que o conteúdo desta pequena obra não é inédita, pois a Sabedoria Universal pertence à Humanidade e jamais ao Autor.

Além do que dezenas de outras excelentes obras no mundo inteiro têm abordado com maestria tal tema, sempre interessante aos leitores de todas as línguas e continentes.

Tal missão somente é dada pelo Cosmo aos grandes Mestres da Humanidade, que por milênios estiveram entre nós, conforme nos atesta a História da Humanidade, trazendo Ensinamentos Divinos ao imperfeito Homem.

Tal missão encontramos não só nas Religiões, mas também na Filosofia Universal. Lamentavelmente, ainda não totalmente compreendidos pela própria Humanidade neste final de século.

Neste fim de Ciclo Milenar para a Humanidade, esta é abençoada com os mais incríveis e fantásticos feitos e descobertas da Mente Humana, fonte da Energia Cósmica do Homem.

E, mesmo assim, apesar da ajuda da Neurolingüística e de outras terapias mentais afins, nos mantemos ainda mentalmente atrasados, eivados dos sete pecados capitais, que dispensam comentários...

Em versos soltos, apresento a figura do Filósofo Divino que vive em todos nós, personagens da Vida na Terra e no Cosmo, que nos fará companhia e nos levará a refletir nos minutos de leitura desta pequena mensagem de Paz e Amor, em Minutos de Reflexão, sobre o cotidiano de nossas Vidas.

Legada a todos nós, Aprendizes Eternos da augusta Filosofia divina, a Vida, na Dimensão Humana e no Cosmo Infinito...

Paulo de Lacerda

Prefácio à 1ª Edição

Há alguns anos tive o prazer em conhecer este talentoso autor, em encontro casual, e diálogo construtivo em pleno trem de metrô na cidade do Rio de Janeiro, em uma de suas constantes viagens de volta ao Brasil, dos EUA, sua pátria adotiva.

A partir de então, nos tornamos grandes amigos, e sempre que nos reencontramos discutimos desde temas atuais a inquietações filosóficas de todos nós, Seres Humanos.

Acrescente-se o fato de ter sido presenteado por muitas vezes com várias de suas obras já editadas no Brasil, sempre atuais e com ótimo nível de informação científica deste final de século, além de projeções equilibradas das bases da Ciência do Futuro.

E com imenso prazer dedico estas breves palavras de apoio e apreço pessoal em sinal de admiração por esta pequena obra de inestimável valor filosófico, escrita com tanta sensibilidade por este jovem de talento e notório saber da filosofia da Vida.

Que o bom Deus o possa acompanhar e o abençoe sempre em sua ascendente e vitoriosa carreira de escritor, além de médico naturopata, com tantas obras editadas no Brasil e exterior em prol de seu próximo, e sempre fiel aos faros e à Ciência, em respeito a seus leitores no Brasil e exterior...

Meus votos de sucesso e meu apoio inconteste hoje e sempre, na Vida e na Espiritualidade.

Creio que meu grande amigo já falecido Carlos T. Pastorino, ao qual esta pequena obra é dedicada, teria tido a mesma emoção que tive ao ler em primeira mão seu original.

Parabéns em seu nome, faço dele as minhas congratulações, e a de todos os seus leitores, pelos belos Minutos de Reflexão e Paz de Espírito, bálsamo à nossa Alma, na alegre e triste realidade da vida de todos nós na Dimensão Humana...

Carlos de Souza Neves, MST

Ex-Presidente da Sociedade Teosófica do Brasil.

Dedicatória do Autor aos Leitores

Dedico, aos amados leitores, as sábias palavras desta singela mensagem, de beleza eterna conhecida entre os Homens de todo o Mundo como...

DESIDERATA...

No meio do barulho e da agitação,
caminhe tranqüilo,
pensando na paz,
que você pode encontrar no silêncio.

Procure viver em harmonia
com as pessoas que estão ao seu redor,
sem abrir mão de sua dignidade.

Fale a sua verdade, clara e mansamente.
Escute a verdade dos outros,
pois eles também têm sua própria estória.

Evite as pessoas agitadas e agressivas,
elas afligem o nosso espírito.
Não se compare aos demais,
olhando as pessoas como superiores,
ou inferiores a ti mesmo.
Isso o tornaria superficial e amargo.

Viva intensamente os seus ideais,
e o que você já conseguiu realizar.
Mantenha o interesse no seu trabalho,
por mais humilde que seja,
pois este é um verdadeiro tesouro
na contínua mudança dos tempos.

Seja prudente em tudo o que fizer,
porque o mundo está cheio de armadilhas,
Mas não fiques cego para o bem que sempre existe.
Há muita gente lutando por nobres causas,
Em toda parte, a vida está cheia de heroísmo.

Seja você mesmo,
Sobretudo, não simule afeição,
e não transforme o amor numa brincadeira,
pois no meio de tanta aridez,
ele é perene como a relva.

Aceite com carinho o conselho dos mais velhos,
e seja compreensivo,
com os impulsos inovadores da juventude.

Cultive a força do espírito,
e você estará preparado para enfrentar
as surpresas da sorte adversa.

Não se desespere com perigos imaginários,
muitos temores têm sua origem
no cansaço e na solidão.
Ao lado da sadia disciplina,
conserve, para consigo mesmo, uma imensa bondade.

Você é filho do UNIVERSO,
Irmão das Estrelas e Árvores,
Você merece estar aqui,
e mesmo que não possas perceber,
a Terra e o Universo
vão cumprindo seu Destino...

Procure, pois, estar em paz com Deus,
Seja qual for o nome que você lhe der,
No meio dos seus trabalhos e aspirações,
na fatigante jornada pela vida,
conserve, no mais profundo de seu ser,
a harmonia e a paz.
Acima de toda mesquinhez, falsidade e desengano,
o mundo ainda é bonito.
Caminhe com cuidado,
faça tudo para ser feliz,
e partilhe com os outros a sua felicidade.

Texto encontrado na cidade de Baltimore, Maryland, EUA., na antiga Igreja de Saint Paul, no ano de 1692, de autor desconhecido.

Portanto, há mais de três séculos, e continua atual como Filosofia maior de Vida na Dimensão Humana de todos os tempos...

O AUTOR

Coral Gables, Fla, EUA, 1996

CONVITE DO AUTOR AOS LEITORES

Encontro marcado com o filósofo divino

Amados leitores, ao abrirem esta página, encontrarão este amável convite do autor para que, de mãos dadas com o Filósofo Divino, nossa Essência Eterna, possamos caminhar um pouco pela leitura desta obra, escrita em Paz Profunda, e dedicada a vocês, com todo o meu Amor fraterno, de Irmão Cósmico. E que vocês possam, segundo a sua vontade, conhecer um pouco mais de pequenas Reflexões...

Eternas, aparentemente desconhecidas por muitos de nós da Dimensão Humana, porém bem conhecidas no íntimo profundo deste Ser de Luz, o Filósofo Divino, que habita em todos nós.

Tantas vezes esquecida, pelas mais diversas razões, segundo este mesmo Filósofo Divino, a máxima é recordar é viver, e vivendo construiremos com base em tais *Minutos de Reflexão* um mundo um pouco melhor para nossos descendentes...

Portanto, estejam em Paz Profunda durante os minutos de vossa leitura, e que...

O Espírito Eterno do Filósofo Divino possa tocar neste momento sua Alma...

Assim seja...

1. Porque viestes ao Mundo

Em encontro com o Divino Filósofo que vive em nós,
este nos faz refletir em Paz Profunda:
Por que viemos ao mundo?

Enigma dos Filósofos e Homens de todos os tempos,
Chegastes finalmente à Vida no mundo da Matéria,
Viestes para cumprir Nobre Missão...
Evoluir, segundo as Leis Universais...
Tenhas finalmente estão consciência disto,
Em família nobre ou plebéia, amado,
órfão ou rejeitado, estás no mundo da Matéria...
Uma das Moradas do Pai...
Forte ou fraco, genial ou medíocre, não importa,
és a imagem e semelhança do PAI...
Ele vive em ti, queiras ou não, pois tu és amálgama
dos Elementos Universais: Fogo, Terra, Ar e Água...

Em livre arbítrio viestes para criares ou
destruíres, imperfeito,
Evoluindo sempre, apesar de teus erros e incertezas,
em Corpo e Alma, qualquer que seja teu
Credo, Raça ou Cor,

Não importa, serás sempre Filho Amado do PAI, por toda a Eternidade...

Ele sempre estará contigo, te amparando, presente em tua mente e no mais íntimo de teu
Divino Ser...
Reservas então em um cantinho
pequenino de teu Coração, lugar para Ele,
para que nas refregas da luta pela Vida, ele
possa se manifestar em Ti...

E certamente o mais profundo de teu Ser
o escutará, mesmo na mais negra
Noite de teus dissabores ou desilusões
neste Mundo da Matéria, fugaz e
tão transitório quanto a Existência do
Tempo Espaço...
Ele te guiará para solucionares com
sucesso teus problemas e te proverá nas
necessidades da Vida...
Portanto, agora que sabes por que viestes,
te prepares então, para cumprir,
com coragem, o papel que foste encarregado
de executar a pedido de tua própria Alma
perante o Universo, do qual és
parte ínfima integrante, pois este, sempre,
irá conspirar a teu favor, quando a este,
em nome do Pai, recorreres em oração,
pleno de PAZ PROFUNDA.

Pois em PAZ viestes e nela retornarás
certamente novamente ao encontro do
ETERNO,
que te aguardará pleno de Sabedoria, e
ciente de que segundo teu grau de
evolução, cumpriste com rigor ou não tua Missão,
e após repousares, retornarás com certeza,
a pedido de tua Divina Alma às Moradas
do Pai, pois estas são muitas no Universo,
prontas para te receber e acolher em
Profunda PAZ e contigo colaborar para
que evoluas,
hoje e sempre por toda a Eternidade, em
cumprimento aos desígnios maiores da
Sabedoria Cósmica.
Divino Homem, não te esqueças portanto,
jamais, de que és simplesmente Eterno,
como o Pai,
que vela por ti no Tempo Espaço com
AMOR INFINITO...

2. *A Infância*

O Filósofo Divino de nossa Alma,
nos faz refletir que...
Corremos ainda Crianças divinas, de
encontro à Vida,
Encontramos alegrias, tristezas e lições
eternas,
Indeléveis para sempre em nossas Almas,
De Eternos Aprendizes...
Filhos e Filhas do Eterno...
no Cosmo Infinito.

3. A Juventude

O Filósofo Divino que habita em nós,
nos faz refletir que...
Sedentos de saber, experiências mil vivemos...
Para ao encontro da verdade maior chegar,
Conhecer um pouco dos enigmas da Face
de Deus...

4. O Amadurecer

O Filósofo Divino nos faz refletir que...
Já adultos acreditamos, por um breve momento,
Tudo sabermos, da realidade do Mundo dos Homens,
Mera Ilusão, de tolos Seres Humanos
ignorantes de Deus...
Saibas sempre que somente o passar dos
anos te farão
sábio o suficiente, para continuares
teu caminhar rumo
à tua própria evolução cósmica, pela qual
só tu és responsável.

Portanto ores sempre, nem que seja por um
simples momento,
a teu Filósofo Divino e ele se manifestará
em ti, mesmo que tu
mesmo sejas ou se considere erroneamente
Ateu, pois em verdade
Não poderás jamais negar tua própria
origem, a poeira do Universo,
face maior do Deus que talvez um dia
negues, em tua ignorância de Espírito...

Apesar de tudo sejas sempre tu mesmo,
com teus méritos ou desméritos
em constante evolução, e serás sempre
abençoado pelo PAI...
Que nunca te esquece, em teus Dias e Noites,
velando sempre teu sono
de Criança Divina...

5. A Velhice

O Filósofo Divino nos faz refletir que,
Já cansado dos anos vividos,
Acreditamos ter a experiência maior,
De termos sido justos e bons, quando ainda
Desconhecíamos a Sabedoria de Deus...
Expressa na natureza, que vimos
e não vivemos...

E até ao final de teus dias,
procures ser útil sempre,
a ti mesmo e da valia a teu próximo, com
tua palavra sábia,
da experiência da Vida já vivida
e ainda por viver,
em contínua evolução no Cosmo Infinito...

Transmitas sempre a teu próximo, no ocaso de teus dias,
um pouco da bondade e da sabedoria que somente a
experiência da Vida nos proporciona, a todos aqueles
que não só a necessitem, como ainda
a teu próximo,
que dela carecem, na Alegria ou na Dor...

Lembra-te que muitas vezes esta mesma palavra amiga
poderá ser o bálsamo que poderá salvar uma
Vida em desespero,
ou livrar do descaminho a Alma jovem
inexperiente das maldades deste mundo de Ilusões...

Sejas pois o sábio Filósofo da Vida bem vivida,
E certamente serás abençoado, pela expressão maior,
do Amor por ti, teu Deus, em teu encontro
final com a
Face do Eterno...

Pois simplesmente és e sempre serás seu
Filho amado...

6. O Encontro com o Eterno

O Filósofo Divino de nossa Alma nos faz refletir que...
Sem esperar chegaremos, um dia, à realidade maior,
Além deste Mundo de Ilusões passageiras,
De valores iníquos, de pequenez humana,
Em encontro indescritível com a Beleza e
Amor sem igual, na Face do Eterno...

7. A Face do Eterno

O Filósofo Divino de nosso Ser, nos
faz refletir que...
Jamais sonhamos augusto momento, de estarmos,
frente a frente com nossas consciências,
solitários,
contemplando panoramas de nossas Vidas,
Vividas ignorando a Face de Deus...
Como Eternas Crianças Humanas, de volta,
Ao seio do Eterno, de onde viemos,
Para a experiência maior, vivermos a VIDA...

Pretérito presente para educar nossos Espíritos,
para a Verdade Maior do Universo Infinito...
Conhecermos finalmente a Sabedoria Infinita
do Cosmo...

8. A Família

O Filósofo Divino nos leva a refletir que...
A Sabedoria Divina deu-nos uma Família
De entes queridos, porém desconhecidos,
Em nossos Corações e Almas de Eternas Crianças...
Aceitamos sem hesitar, para com esta viver,
Dias e Noites de Momentos Mil,
de Paz e Guerras entre Almas distintas,
procurando na Vida, o inatingível,
A Face de Deus...

9. Os Amigos

O Filósofo Divino nos mostra em reflexão que...
Nos folguedos de Eternas Crianças,
Encontramos Almas afins...
Que chamamos de Amigos,
Na inocência de crianças,
Que nos fizeram rir e chorar,
Amargas lágrimas, pois desconhecem ainda
a Sabedoria da Face do Eterno...
Jamais alcançada, porém conhecida,
de nossos corações de Eternos Viajantes,
no Cosmo Infinito...

10. Os Inimigos

O Filósofo Divino de nossas Almas nos leva a refletir que...
Na curta existência da Vida, encontramos,
além de Almas Afins,
Seres Humanos como todos nós,
sedentos de compreensão...
Com ambições e desejos opostos aos nossos,
Aos que chamamos de Inimigos, em nossa
ignorância de Espírito
Em saber que foram somente críticos
severos de nossos
Erros e Ilusões, em verdade Mensageiros
de Deus
Para resgate e aprimoramento de nossas Almas...
Perante a Sabedoria Infinita do Eterno...

11. Os Amores

O Filósofo Divino de nosso Ser nos mostra em reflexão que...
Doces momentos vivemos, nos braços de nossos amores,
Em momentos fugazes de gozo e paixão...
De nossos corpos de Eternas Crianças...
quantas Ilusões,
Ignoramos a face maior do real Amor,
Que somente encontramos no Cosmo Infinito...
Na face de Deus...

12. A Escola

O Filósofo Divino nos mostra
em Minutos de Reflexão que...
Escola querida, nem sempre compreendida,
como lugar onde momentos vivemos,
de instrução e convívio, com humanos seres,
como todos nós, alguns sedentos de saber, e outros alheios ao conhecimento do ensino diário,
educando e aprimorando para o Mundo dos Homens,
Almas imperfeitas e ignorantes ainda da Face de Deus...

13. Os Filhos

O Filósofo Divino de nosso Espírito
nos lega em reflexão que...
A Sabedoria Divina deu-nos a guarda temporária
de Almas Eternas que chamamos de Filhos...
Que alegrias e tristezas nos fazem viver,
Com seus sorrisos e doenças infantis,
Com suas dúvidas de adolescentes rebeldes,
Mil situações defrontamos, e hoje ao fim de anos vividos,
Deixemos nestes versos soltos, a verdade
de nosso Coração...
Certo de que já na Face do Eterno
os reencontraremos um dia,
Em abraço emocionado, e em silêncio dizer-lhes,
Muito obrigado por terem sido nossos
herdeiros, os Filhos do Futuro...
Em dívida de gratidão eterna, por poder
terem nos chamado, um dia,
na pureza de lábios infantis, de PAPAI e
MAMÃE, com puro Amor de Criança...

14. As Ilusões da Vida

O sábio Filósofo Divino de nossa
Alma nos faz refletir que...
Justas ou injustas, são estas Ilusões da Vida
que nos fazem viver anos a fio,
o melhor ou o pior da amada Vida,
onde expurgamos nossas faltas,
e aprimoramos nossas imperfeições,
portanto sejamos gratos, uma vez ao menos,
a esta dádiva de Deus...

15. O (a) Companheiro (a) na Vida

Mais uma vez o Divino Filósofo
nos mostra em reflexão que...
Companheiro (a) nosso (a) de Dias e
Noites na Vida,
Em alegrias e tristezas, és tu, amado (a) ou
desprezado (a)
cônjuge, companheiro (a) de Caminhada,
pois viestes pela mão de Deus, a nosso
encontro,
para momentos juntos viver, glórias ou
desonras,
nas lutas da Vida, por nossa ignorância de
Espírito,
nos dar as lições que precisamos para nosso
renascer,
na face do Eterno...
Vitoriosos ou Fracassados, da Vida...

16. A Sociedade

Por vezes dura e ingrata,
para alguns...
Grata e reconhecida,
a tantos outros...
És tu Sociedade
dos Seres Humanos,
de tantas fúteis convenções,
a nos ensinar a reconhecer
a pequenez da Alma Humana...

17. O Mundo de hoje

Triste e Alegre, és tu,
Mundo nosso, onde vivemos,
e sonhamos sermos grandes,
ignorando e destruindo a Natureza,
augusta dádiva aos Homens de DEUS...
Pois ainda pequenos somos em Alma e Espírito...
Para compreender sua Grandeza...
Fazendo de nossa Morada, triste lugar de
Guerras atrozes,
Disputas por ideais temporais, interesses escusos,
caprichos fúteis e mesquinhas ambições...
Injustos preconceitos em nome da Religião de teu Deus...
De vítimas inocentes, sem que colhas bem
maior de teu insano viver...

18. A Dor

Te encontramos finalmente,
Na notícia triste de amores desfeitos,
na perda de entes queridos, na Doença
atroz,
na despedida sofrida, de almas esquecidas
de Deus...
que se encontram e desencontram, hoje e
sempre,
perdidas por vezes nas Ilusões do Humano
Viver...

19. A Alegria

Te encontramos no sorriso de criança,
Na sorte ganha, em prêmios fugazes,
em momentos felizes,
Nos eventos maiores e menores da Vida de
todos nós,
Nossas Almas contemplam um pouco da
Paz
Que um dia encontraremos na realidade
maior,
Ao retornarmos de onde viemos, a essência
maior,
A Dimensão do Eterno...

20. Nossos Pais

Queridos e amados, frios e distantes,
conhecidos ou desconhecidos,
não importa, são nossos pais,
em sobrenome nobre ou plebeu,
sempre presentes ou ausentes,
não importa, pois como mensageiros de DEUS,
nos deram a dádiva maior da VIDA...
Ergamos portanto uma breve prece ao COSMO,
em gratidão de nossas ALMAS por sermos HUMANOS...
Filhos amados do PAI...

21. Nossos Irmãos

Por nomes os conhecemos
em laços de sangue os encontramos,
na aventura maior da VIDA...

Como seres queridos ou indiferentes,
não importa, são humanos como nós,
Portanto jamais nos esqueçamos,
Da bênção maior de termos IRMÃOS...

Acima de simpatias ou antipatias,
pois são companheiros na VIDA...

E continuarão no COSMO nossos
Eternos Irmãos, agora já em ALMA,
Se não o foram em nossos corações...

22. Na Noite de Teus Dias

Jovem ou idoso,
Sadio ou doente,
Recordas sempre,
Em Alma e Coração,
Das lições aprendidas,
De duras experiências,
Da Vida de todos Nós,
Em prece silenciosa a Deus,
Em gratidão por seres Humano,
Filho do Criador, e acima de tudo,
Ser amado, no Cosmo infinito,
Onde encontrarás a grandeza,
ou a pequenez de teu Destino,
de acordo com tuas obras nesta existência...
Oras portanto vigilante de todo teu coração,
Hoje e sempre a Deus, na noite de teus dias...

23. Humanas Emoções

Em revolta ou êxtase,
No beijo ou na luta,
Humanas emoções vivemos,
Na palavra amiga ou crítica atroz,
Humanas emoções somos,
Gratos (as) ou ingratos (as),
Humanas emoções mostramos,
Na grandeza ou pequenez,
de nossas Almas e Espíritos,
Humanas emoções seremos,
Essência de nossos Corações...
Desconhecidos dos Homens,
Sem segredos a DEUS...

24. O Universo

Recordas sempre em teus dias e
noites que,
Tu és originário da poeira do Universo...
Nos ensina o divino Filósofo...
Portanto saibas que és irmão (ã) do Sol
E das Estrelas do Infinito... Neste exato
momento,
Estás na Terra, uma das moradas do PAI,
em evolução,
E mesmo que, em tua ignorância de Espírito,
não possas ver...
O Universo irá cumprir, inexoravelmente,
seu Destino...

25. Os Ideais

Procures viver com intensidade teus
IDEAIS,
e tudo o mais que consigas realizar de construtivo,
em tua breve passagem terrestre, a amigos
e inimigos,
como ainda a tua sociedade, sem esperar
nunca a eterna Gratidão...

Acredites sempre na bem-aventurança de
teu trabalho, do suor de teu rosto,
Seja este nobre ou humilde, não importa,
fazes dele teu sustento honesto...

Em realidade, o que importará será o
cumprimento de tua Missão, teu papel na Vida...
Que te abrirá as portas em futuro vindouro
ao cumprimento dos Desígnios Divinos...

26. A Prudência

Procuras sempre seres tu mesmo e ages com prudência em tudo que fizeres...
Em razão de que teu mundo é cheio de armadilhas e ilusões, do real da Matéria,
Como da Alma e Espírito...
Porém não esqueças jamais a terna beleza do sorriso de uma criança,
Do encanto de uma flor na primavera, que refresca tua Alma em teus dias
no Mundo da Matéria...
Realidade ilusória e aparente de teu viver...

Lutes sempre pelos mais nobres propósitos em teus dias de juventude e maturidade,
Para que em teu ocaso sejas recompensado pela Justiça DIVINA...
Que sempre é justa e sábia em reconhecer teus méritos, mesmo os ignorados
pelos Homens pobres de espírito... Filhos da Ingratidão...

27. *A Paz Interior*

Procures sempre estar em profunda
PAZ contigo e teu próximo,
E ainda com teu Deus, seja qual for a
denominação que lhe deres,
Pois em teus afazeres, na dura luta pela
VIDA...
Estarás sempre em Harmonia e PAZ interior,
E vencerás sempre
Todos os eventuais obstáculos em teu
caminhar rumo à LUZ...

28. *As Afeições*

Jamais finjas afeições, seja a quem
for ou pelo motivo que for,
Para que não transformes a afeição legítima
em brinquedo de criança,
Pois apesar de todo o teu desencanto com
teu próximo, este é sensível,
Como teu próprio Coração...
portanto não merece sofrer pelo cinismo
de tua Alma...

29. Teus Dias neste Mundo

O Filósofo Divino de nossas Almas
mostra em Minutos de Reflexão que:
Em meio de tanta agitação e burburinho
de nossos dias,
Lembremo-nos de caminhar em Paz,
Para que encontremos no silêncio a Harmonia,
Alimento a nosso Espírito...
E assim poderemos viver com nosso próximo, sem conflitos,
sem deixarmos de sermos dignos, e usemos
da Verdade do Espírito,
De modo claro e tranqüilo, escutando sempre
a verdade de nosso irmão,
Pois até mesmo os fracassados têm sua
estória de Vida para contar...

30. O Bom Conselho

Mais uma vez amorosamente nosso
Filósofo Divino nos leva a refletir que:
Acatemos sempre, com todo carinho de
nossa ALMA,
o bom conselho dos mais experientes do
que Nós...
Como estrela guia divina a teu caminhar
pela Vida...
Sejamos compreensivos, mesmo após
nossos momentos de revolta,
para com tais palavras sábias e do fundo do Coração,
de quem nos quer Bem em Alma e tem
Afeição para conosco...
Sejam estes conhecidos ou desconhecidos,
jovens ou velhos,
Não importa, pois muitas vezes a Palavra
de Sabedoria
Chega a nós, para redimir nossa aflição, de
lábios humanos,
Como mensagens augustas de Deus...

31. A Força de Espírito

À medida do humanamente possível,
cultives o hábito da Força de Espírito...
Assim estarás preparado para defrontar
os muitos perigos reais e imaginários,
de teus Dias e Noites...

Como ainda não terás surpresa da sorte adversa,
e não te desesperarás com temores irreais, que nascem de tua
Alma cansada e solitária de teus Dias...
E Noites quando esqueces da beleza das Estrelas distantes,
Que esperam um dia te ver chegar de retorno ao Mundo do
Espírito de Deus...

32. A Reflexão

Em teus dias de Dor e Sofrimento
reflitas,
As razões destes para que em breve, no Éter,
Mais sábio e divino sejas, pois tais
ensinamentos
Serão bálsamo à tua Alma no porvir de teus
Dias...
Na contínua evolução do Universo, do qual
és Filho Amado...

33. *A Falsidade*

Filha da vaidade ferida, da inveja atroz,
Dos fracos de caráter, incapazes de
criar,
Mas capazes de destruir, pelo falso de dizer,
Seus Irmãos em Deus,
Tudo isto porém será
em vão...
Pois és Eterno e Filho do Pai como teu
próximo,
A quem és falso, sem real razão, olhas, antes
de tudo,
Teu interior, e encontrarás em teu coração
a força,
Para superares a ti mesmo em tua fraqueza
que te consome
O Espírito, e serás livre para amar a ti
mesmo e a teu próximo...

34. A Depressão

Hoje estás triste e desconsolado, sem esperanças,
Em ti mesmo (a) e em teu Deus...

Na escuridão da negra Depressão, te escondes em Corpo
E Alma, sem que vejas o fundo do poço, a Luz que se aproxima,
Que refrigera todo teu Ser...

Esqueceste por um momento que és Filho do Universo,
E este jamais esquece de ti nem de nenhum dos seus,
Estejas certo de que em muito breve socorro providencial
Chegará a teu encontro, sedes portanto crente em tua própria
Essência Divina...

35. A Morte

Nosso Filósofo Divino nos recorda em Minutos de Reflexão que...

Triste véu da Morte se abate sobre ti e aos teus entes queridos,
Alguém se foi em viagem sem volta, para te encontrar mais adiante,
Mesmo que em nada mais creias, a Vida continua, além das Dimensões,
Pois muitas são as Moradas de teu Deus e de tua Alma...

36. Prostituição

Nosso amado Filósofo Divino, que nos assiste sempre, nos leva a refletir que...
Tristes e Sofredores em Alma são todos aqueles que prostituem seus corpos,
Em troca do vil e frio metal, sem esperança e compaixão por si mesmos,
Na ilusão de serem senhores de seus próprios Destinos,
Pois não são,
Em verdade, livres para Amar, meros e iludidos Senhores e Senhoras do Sexo,
Que fenecem com o passar dos dias, sem viverem seu verdadeiro Amor em Alma, na fugaz dimensão Humana em que vivenciam em realidade seus temores de Espírito...

37. O Dinheiro

Soa em teus ouvidos, o suado e frio
metal, disputado por todos,
Na ânsia de bem viver, esquecendo-se de
seus Corpos e Almas,
Em ilusão atroz de serem felizes, escravos
que são da Ambição,
Que corrompe pessoas, famílias, povos e
países...

Esquecendo-se de que a Providência
Divina lhes deu o Dinheiro...
Para seu progresso em Matéria e Espírito,
e não para a Escravidão
Da moeda pela moeda, do lucro fácil e
aviltante, que a tudo destrói,
Sem nada criar, em guerras atrozes, de
vítimas inocentes do desmando,
De poucos a custa da Vida de tantos...
Por tão pouco, pois fugaz é a Existência
Humana...

38. A Prisão

Em Minutos de Reflexão, nosso
amado Filósofo Divino nos leva a ver que...
Entre quatro paredes te encontras isolado
de tudo e da Sociedade onde vivias,
Que te condenou, pela Justiça dos Homens,
ao exílio em Corpo e Alma da dura Prisão...
Recordas teus erros e não peques mais, disse
o Senhor, o meigo Rabi da Galiléia,
E tu o esqueceste em Alma e Espírito... Em
desamor a Ti mesmo e a teu Próximo...

Lição ensinada pelo Filho do Homem,
porém não compreendida por estas Almas infantis...
Na ânsia de serem Senhores e Senhoras
de seu Destinos, sem Fé ou Razão de viver,
e ao saíres deste sórdido isolamento, que a
tua Alma, para sempre marcou,
Levanta por um só segundo teus olhos aos Céus...
E dá graças ao Criador, por teres compreendido
esta dura Lição de VIDA...
Necessária, remédio amargo à Evolução de
teu Ser, perante a Justiça do Universo...
Morada Eterna do PAI...

39. A Peste

Teu próximo chora e sofre, pela
perda dos seus pela Peste atroz,
Que ceifa vidas preciosas, amigas,
conhecidas e desconhecidas,
Sem piedade, em expiação de faltas
cometidas contra a Mãe Natureza,
Que tudo em verdade nos prove, e nós,
como ingratos Filhos do Tempo,
Nem ao menos respeitamos e honramos
nossa Morada no Universo...

40. Tua Vida Espiritual

Teu Filósofo Divino te clama a
refletir para que...
Construas com equilíbrio e segurança tua
vida espiritual,
Para que em breve futuro, não chores
lágrimas sofridas,
Pelo desencanto de não seres prudente e
cioso de teu
Papel na Vida...

41. Teu Futuro Espiritual

O Filósofo Divino que habita em ti, te
alerta a refletir que...
Hoje és jovem, sadio e altivo, sem nada temer,
Regozijas de tuas conquistas na Vida e no Amor,
Dinheiro não te falta, Ilusões de tua Juventude vives,
Esquecendo-te de teu porvir, pois chegará
o Dia de teu ocaso,
E sem teto e apoio estarás, por seres
imprudente em teu presente,
De glórias fugazes, pois curta é a Vida, onde
hoje te brilha o Sol,
Amanhã te brilhará a Escuridão, na noite
fria de teu descaminho...

Portanto escutas a palavra sábia do Filósofo,
constrói com segurança,
Pedra sobre pedra, tua MORADA, pois
estas são muitas, e Castelos poucos,
E entre Ricos e Pobres, terás teu lugar ao
Sol para veres a Face de DEUS...

42. *Teu Trabalho*

Em companhia sempre amada de nosso
Filósofo Divino, refletimos que...
Com o suor de nossa face, sol a sol, dia após dia,
Labutas e sofrimentos, escassos soldos recebemos,
Por nossos trabalhos humildes, que sem
deixar de serem nobres,
garantem nosso sustento, nas intempéries da Vida...

Escutas a Voz de tua própria Consciência,
E aprendas que por tua aplicação diligente,
Receberás as bênçãos divinas de teu honesto viver,
Apesar da ingratidão humana, teu Deus
vela sempre por ti,
E como filho amado te recompensará por teu singelo ofício,
muitas vezes vil entre os Homens descrentes de tudo...

Escravos da Matéria, em seu breve existir,
que a estes furta,
o prazer de viver e sorrir apreciando o Sol
que nasce pela manhã no Oriente...
Para todos nós, todos os Dias de nossas
Vidas a serem vividas...

43. A Droga

Nosso Filósofo Divino nos faz
refletir que a Droga,
nada mais é do que...
Doce ilusão vives, ao sabor dos belos momentos
proporcionados à tua Alma solitária pela droga,
afogas teus temores e dissabores da Vida em
companhia pérfida de falsos amigos...

Que somente te tiram como vampiros, além
do vil metal, tua vitalidade,
de jovem perdido, sem Amor e palavra
amiga, daqueles que são guardiões,
responsáveis transitórios por teu Ser na
Dimensão Humana perante Deus...

Hoje estes te esqueceram ou abandonaram,
pois estão cansados de tua fraqueza perante a Vida...
Acredites, nem que seja por breve momento,
na força de tua oração, do fundo de teu
Coração a Deus... e Ele te escutará hoje e sempre,
E será o bálsamo à tua alma sofrida,
dando-te a Energia maior...

Portanto crias coragem e te livra da dependência atroz
e maldita da Droga, e serás livre para, em Verdade,
Viveres a beleza incomparável da Vida e não a escuridão
da Dor e da Morte, sem a glória de ter conhecido a Beleza
da Natureza, face eterna de teu Deus,
que habita em teu Ser...

Estejas certo de que este acompanha em
silêncio teus passos,
e providenciará a mão amiga, que em teu
socorro virá, e dela tu
terás o conforto, a ajuda e palavra amiga
que te falta para seres,
outra vez, Ser Humano, e não mercadoria
vil e barata em mãos
de teu verdadeiro algoz, o traficante das
drogas das Ilusões,
a teu Corpo em Alma...

44. *Oração aos que sofrem*

Nosso amado Filósofo Divino, que vive
em cada um de nós, nos ensinou esta prece...

Amado Pai, abençoa com tua Luz Divina
àqueles que sofrem,
as agruras da carne na doença e na dor,
em Corpo e Alma, neste momento de angústia e desespero...
Elas são como Crianças inocentes, ignorantes da Vida, com a
qual, as abençoaste, e não sabem o que fazem, por isso
sofrem por ignorar o Espírito das Verdades Eternas, não
sabendo viver em Harmonia com seu próximo...
Não te esqueças jamais em tua Eterna Sabedoria e Bondade
de todos nós, que ignoramos ainda tua Palavra de Paz,
a nós ensinada, escritas nos Evangelhos,
e nos Tratados dos Sábios Filósofos da Vida,
que indicam o Caminho, não seguido...
E sempre evitado pelo pretenso saber daqueles que te ignoram...
Para parecerem tudo saber, em tola e
arrogante pequenez de Espírito...
Eterno, como tua própria essência somos
Nós teus Filhos amados,
pois Tu vives em cada um de Nós, em nosso íntimos e corações,
mesmo nos insanos de Alma e Espírito, que
ainda não viram tua LUZ...

Amém

45. A Doença

O Filósofo Divino de nosso Ser
Divino nos faz refletir que a
Doença é...
Triste face da Vida, que nos angustia e faz sofrer,
Na atroz doença sem cura, que nos faz
perder a esperança, na cura pelas mãos dos
Homens, então nos recordamos de Deus...

Neste momento ores, nem que seja por um
simples segundo, ao Pai,
que tudo sabe e tudo vê, em sua onipotência
e onisciência...
Ele é Sábio e Justo, e nos dá somente a Dor
que podemos suportar,
de acordo com nossos méritos e pelas obras
realizadas em Vida...

Portanto não blasfemes, quando doente
estiveres, mas procures, sim,
na força maior da ORAÇÃO, o bálsamo à
tua Alma, que transcende
ao providencial socorro médico e a este
complementa para voltares a seres sadio e
novamente poder sorrir para a VIDA...

O Pai te ouvirá sempre, e te responderá com
certeza, dando-te o alívio a tuas dores hoje
e sempre na Matéria transitória, e em teu
Espírito Eterno...
À medida que sejas ainda necessária tua
presença na Dimensão Humana,
segundo seus desígnios divinos, por vezes
obscuros às nossas Almas...
Quando ignoramos as leis divinas que
regem o Universo... Então como saber?
Perguntes ao Filósofo Divino de teu Ser
e este te responderá...
Portanto guardes no íntimo de tua Alma
este tesouro divino, e ponhas em prática,
Em teu humano viver, tais leis eternas, que
te farão feliz, como ainda a teu próximo,
Para que ambos sejam mais humanos e
divinos na Dimensão Humana...

46. O Sexo

Nosso Filósofo Divino nos esclarece
em reflexão que o Sexo é...
Dádiva Divina, para o alento de nosso corpo e sentidos, que dá origem ao bem maior de Deus, a Vida
do Ser que nasce,
pleno da beleza do PAI, que em todos nós habita...

Porém pobre de Espírito é o Homem que
do sexo se vale para
viver meros prazeres da carne, sem honrar
os corpos que possui,
em ânsia insana em tudo satisfazer e da luxúria viver...

Sem respeito ao corpo do Ser amado, que
por vezes cede sem Desejo,
a tal mero instinto animal, por medo em
perder seu Amor, e sem Prazer,
sofre Dor atroz em sua Alma...

Recordas no íntimo de teu Ser que os
Corpos Humanos são templos vivos do Eterno,
que neles habita...

Abençoa então com teu carinho e palavras
do fundo de tua Alma, a aquele(a),
que te oferecer com real Amor seu Sexo,
pois serás neste momento o Ser Divino,
como o Deus que tu dizes amar e respeitar
acima de todas as coisas...

47. O Perdão

Em oração a nosso Filósofo Divino,
refletimos mais uma vez que...
Perdão é palavra difícil, quase esquecida em
Dicionários das várias línguas dos Homens,
filhos amados do Pai, que nos legou tal
instrumento de libertação pessoal às amarguras
a nós criadas por nosso próximo.

Mesmo o mais hediondo crime, apesar de abjeto e cruel,
além dos limites humanos, merece, segundo a Sabedoria
Universal, nosso Perdão, e nós humanos não estamos
preparados para tal
ato de caridade maior da Alma...

Envenenamos nossa Alma e Coração,
relembrando velhas mágoas que nos fazem odiar, sofrer
e não perdoar, nos tornando doentes em CORPO e ALMA.
Em clara mostra de nossa pequenez moral e espiritual,
apesar de nossa evolução material,
em final de Milênio, em verdade algozes de nossos próprios
erros e desvios de caráter na sociedade em que vivemos...
Matéria, até mesmo em nome de Deus...

Pobres de nós, homens temporais, de Espírito fraco e falsos juízes das faltas nossas em nosso próximo, por vezes vítimas inocentes da doença maior da Alma Humana, o Ódio...
Pois quantas vezes condenamos ao mais atroz exílio nosso irmão, em nome da Sociedade
doente e violenta, que aclama e mercantiliza falsos heróis, por amor ao objeto vil metal.

Por vezes em nome de Deus, em contra-senso com nossa própria consciência divina que
nos alerta de tal erro, em nossas noites insones, de remorso sem fim...

Portanto, Irmão em Alma, perdoa, para seres um dia também perdoado, pois mesmo o mais justo dos Homens teve que pedir perdão a Deus para poder perdoar àqueles que condenaram à morte vil o Filho do Homem,
Avatar da Civilização Humana...

48. Meditação

Nosso sempre amigo Filósofo divino,
nos faz mais uma vez refletir que...
Homem que passa apressado, medita nem
que seja por um simples minuto,
na poeira do Tempo que se esvai em tua
pressa eterna em tudo alcançar,
sem dar a ti mesmo o descanso merecido a
teu Corpo e Alma...

Reconhece que a meditação aclara nosso
Espírito das incertezas do Mundo,
nos fortalece nos momentos difíceis,
quando até mesmo os amigos nos faltam,
e solitários sofremos pela falta de resposta
a nossos clamores e lamentos...

Portanto, ora em silêncio, no recolhimento do íntimo de teu Ser, a Centelha Divina que em ti habita, para que o Cosmo que tudo assiste, pois debaixo do Sol não há enigmas ao Pai, te conforte e te guie, ao caminho que seja melhor para ti, mesmo que em tua ignorância de Espírito não o compreendas de imediato...

Filho amado do Pai, vieste à Vida para seres
antes de tudo Feliz, só tu mesmo não
percebeste ainda esta grande realidade da
razão de tua presença na Dimensão Humana.

Não deixe que a luz de teu Cristo Interno,
que te guia, se apague jamais de teu Coração,
sob pena de te tornares amargo e injusto para
contigo e teu próximo, descrente do Bem maior,
ao encontro de que viestes em Missão de tua Alma,
cumprindo os desígnios do Cosmo de quem és
Filho Amado...

Meditas nem que seja por um instante, te rogo,
nesta Verdade que vive em teu Espírito
Divino, como o Universo, em tua dimensão
maior na Vida, o Alfa e o Ômega...
O Princípio e o Fim, o Yin e o Yang,
O Masculino e o Feminino, e te torne, também,
Senhor em verdade de teu próprio Destino,
finalmente integrar-se à Energia que rege o Universo,
obra maior e excelsa do ETERNO,
pois simplesmente esta será tua sina,
tornar-te finalmente essência divina de
DEUS, em Paz Profunda, para toda a Eternidade...
Que te aguarda pacientemente um dia chegar,
cheio de Glória, Equilíbrio e Paz pela missão
finalmente cumprida, como Ser pleno
de SABEDORIA e LUZ integrado no
Cosmo infinito...

49. Gratidão

Nosso Filósofo Divino nos faz olhar
em nosso íntimo e refletir que...
Sedes sempre grato à mão amiga ou ao
desconhecido que te fizer o Bem,
seja quem for, sem esperar recompensa, em
confraternização com teu Ser,
Humano e Divino como teu benfeitor, a
tua imagem e semelhança...

Compreendas que estes benfeitores vêm em
tua ajuda pela mãos de teu Deus...
Para te servir no momento preciso, de algo
que muitas vezes não darás justo valor
Por vezes necessário à tua própria evolução
em progresso material e espiritual...
Tua eventual ingratidão te trará ação e reação,
em nada construtiva, pois
Em débito estarás perante o Cosmo, tua origem Divina...

Portanto, mesmo que não tenhas tempo
em agradecer ou retribuir o Bem,
Sedes grato no íntimo de teu Ser Divino,
que te abençoará com o Bem maior,
Te tornará melhor como Ser Humano e
mais próximo a Deus...

50. O Bem e o Mal

Nosso sábio Filósofo Divino nos faz refletir que...
Vives a angústia do que é certo ou errado,
Do que seja o Bem e o Mal,
Afinal como saber?

Procures no silêncio de tua morada,
no descanso de tua ALMA,
a resposta a tal enigma...

Consulta o íntimo de teu Ser, chama pela
Chama Divina, que nele vive,
E saberás finalmente, do fundo de tua
Consciência, simplesmente que,
O Bem que queres a ti mesmo, seja dado
por ti a teu próximo...
E que o Mal que não desejas a ti mesmo,
não o desejes a teu irmão na Vida...
Assim serás justo, e portanto cumprirás a
máxima do Filho do Homem,
Ame a teu próximo como a ti mesmo...

51. Sonhos e Desejos

Em encontro com o Filósofo Divino,
este me presenteou com singela mensagem,
Nossos Sonhos e Desejos em verdade
somente se concretizarão para nosso Bem,
Se forem verdadeiros, do íntimo do Ser, pois
tudo depende de Energia Cósmica,
Originária da Pureza da Essência Divina que
habita em todos Nós...

52. *Castelos de Areia*

No caminhar da Vida encontramos
mais uma vez o Filósofo Divino,
que nos fez refletir que...
Em vão construímos Castelos de Areia,
em nossas existências, se vivermos em Desamor
conosco e com nosso próximo, tantas
vezes assistimos nesse final de Milênio...

Em nome de nosso vão egoísmo da Alma,
pobre face do espelho de nosso Espírito Divino, na
imperfeita Dimensão Humana...

Portanto, em teu momento de fraqueza humana,
seja este qual for, não importa, o amado Pai
sempre escutará tua prece silenciosa,
a pedir perdão por este momento de Ira ou Ódio, ou
ainda dos outros cinco pecados capitais do Homem,
em sua fugaz existência humana...

Divina Alma, expressão humana de Deus,
nunca te esqueças da transitoriedade de teu
viver na Dimensão Humana...

Portanto legas a ti mesmo, a teu próximo
e à sociedade humana, o melhor que puderes de
teu exemplo e tua obra, em prol da Evolução
da Espécie, em sintonia com a Sabedoria Eterna...

53. A Riqueza

Em encontro providenciai com o Filósofo Divino
de nossa Alma refletimos ainda que...

A Riqueza vem de encontro ao propósito
divino de nosso Espírito em obter na
Dimensão Humana transitórios bens materiais, que nos são
dados em verdade como empréstimos do Cosmo...

Para que possamos distinguir tal realidade maior,
muitas vezes esquecida em nosso afã de vivermos
sem refletir e dividir com nosso próximo tais riquezas...
Face ao egoísmo de nosso Espírito, que, por
razões menores, em nome de preceitos de
Família, Pátria ou Propriedade, nos fazem
menos humanos, como se fôssemos semideuses...
Donos de tudo e de todos, que pensamos
ser nossos vassalos na Vida, que não nos pertence...
E estes também não são nossas propriedades,
mas Irmãos em Alma, em missão de evolução,
Companheiros da longa caminhada cósmica de todos nós
Seres Divinos na Dimensão Humana...

Sede portanto ao menos um dia qualquer,
nem que seja no ocaso de teus dias, quando já um
pouco mais sábio e vivido, das Ilusões da
Vida, possas distribuir com teu próximo, como
Mecena Divino, tua real Riqueza maior, o
Amor Eterno de tua Alma e Coração...

54. O Poder

O sábio Filósofo Divino de nosso Ser
nos ensina em momento de reflexão que...

O Poder, transitório como a Vida, nos é dado por razões maiores que muitas vezes desconhecemos em Espírito, e nos embriaga, como o vinho e néctar da Humana Vida...
E nós ao exercê-lo por várias vezes somos déspotas de nosso próximo e de nossos seres mais queridos, pois ilusoriamente acreditamos estar perpetuados neste mesmo pedestal de barro...
Do Poder da Matéria, ao sabor da política dos Homens, vendidos em Corpo e Alma às convenções e conveniências desumanas por nós mesmas fomentadas, e que nos fazem vítimas de nosso erro maior, não comungar com o Espírito Divino que habita em nós para lhe ser grato e lhe pedir mansidão,
sabedoria e PAZ PROFUNDA para podermos ser justos quando investidos no efêmero PODER...

55. *As Artes*

Mais uma vez ao encontrarmos com o
Filósofo Divino em nosso Ser, refletimos que...

Belas são as Artes e a manifestação de sua
grandeza na Alma Humana, ao criar pela Palavra, Cinema,
Teatro, Escrita, Música e Artes Plásticas,
belezas eternas de teu Ser Divino no
Mundo da Matéria...
Portanto jamais te esqueças, nem que seja
por breve minuto de reflexão de tua Alma, que
Bendito no Cosmo é aquele(a) abençoado(a)
com o Dom e Talento Divino de ser Artista...
Portanto se tua alma alcançou tal patamar divino, tragas
sempre em tuas mensagens um pouco
não só da beleza etérea de tuas obras,
como ainda a esperança à Alma de teus admiradores ou
até mesmo de teus detratores, de serem um pouco melhores,
mais humanos, como te tornaste entre tantos...
Que aspiram lá chegar, sem jamais ter feito
por onde merecer a dádiva do talento imortal
de tua alma de Artista Divino...

56. O Alimento

Em reencontro providencial com nosso
Filósofo Divino refletimos que...

Nosso alimento do Corpo e Alma deverá
sempre ser preparado e consumido em paz profunda,
em momento de quietude e longe do
burburinho do dia a dia de nossas vidas na
Dimensão Humana.
Abençoa sempre teu alimento como dádiva
maior daquele Irmão que desconheces,
mas que porém
o lançou à TERRA e o cultivou com carinho
para que chegasse à tua mesa farta, ou pobre,
onde não te falta ao menos o mínimo para o sustento
de teu corpo e de tua abençoada família...
Logicamente graças a teu trabalho, seja este
qual for, importante ou humilde, não importa,
é sempre abençoado perante o Pai...

57. Crime

Mais uma vez reencontramos nosso
Filósofo Divino, que nos fará refletir que...

Apesar das vantagens aparentes, ou de nossos desejos
escusos, o Crime nunca compensa,
Pelo simples fato de que este é sempre
motivado por nossa Ignorância de Espírito,
em momento
de desequilíbrio, seja qual for sua razão,
jamais se justificará perante o ETERNO...
Portanto, apesar de absolvido ou condenado pela Justiça
dos Homens, imperfeitos como Nós,
ores ao menos uma única vez ao ETERNO,
sempre pleno de PAZ, SABEDORIA E AMOR...
E este falará fundo à tua alma...
Em diálogo único contigo, guiará a tua
ALMA para poderes te redimir com seu Ensinamento...
Obtendo o Perdão ao Erro cometido, para
que nunca mais voltes à prática de tal delito maior
contra as Leis que regem o UNIVERSO no
tempo exato em que tu estejas finalmente preparado
para tal propósito, pois ele é sábio e saberá sempre esperar
por ti, com Sabedoria e Amor...

58. Remédio à tua Alma

Encontramos mais uma vez nosso
Filósofo Divino que, em diálogo amoroso conosco,
nos faz refletir mais uma vez que:

Estamos a sós com nossa Consciência,
diante de nós mesmos sem as máscaras do
dia a dia, com as quais representamos em Sociedade
nossos papéis na Dimensão Humana.

Ninguém escutará nossos diálogos surdos e francos
conosco mesmos, em Paz Profunda...
Pois em verdade não poderemos jamais fugir
de nós mesmos, mesmo que diante de outrem
nos mostremos fortes e arrogantes,
Sinal de fraqueza de Espírito...

Portanto para prevenirmos todos os males do Espírito
e da Alma, que adoecerá também nossos
Corpos, deveremos cultivar no Silêncio
do início de cada dia, ao nascer do Sol de teus dias,
ao menos por alguns minutos nossa Paz Interior...
Evocando nosso companheiro fiel, o Filósofo Divino,

tua Consciência Cósmica, pois esta sempre
estará conosco, em nossos dias e noites
na Dimensão Humana.
E além destas, quando daqui partirmos em
viagem etérea de volta ao Cosmo,
nossa verdadeira Morada.
Estaremos livres assim das depressões,
suicídios, instintos criminosos, e distúrbios outros que
afetem o equilíbrio de nosso Poder maior,
nossas Mentes...
Esta é a mais poderosa fonte de Energia do
Universo, que nos é dada pelo Eterno, sem ao menos
sabermos em realidade como a usar em nosso
próprio benefício e de nosso próximo...
Em bom senso sabes bem que nunca
deverás responsabilizar a terceiros por tuas faltas e delitos,
sejam estes quais forem, tenham o alcance
que tiverem, pois somente tu és responsável por teu
Destino na Dimensão Humana, e certamente responderás
perante tua própria consciência diante do Eterno,
por teu papel no Mundo da Matéria.
Procures a medida do humanamente possível,
sedes tolerante para com os medíocres e pobres de
Espírito, pois estes carecem da necessária
evolução já por ti alcançada, cabendo unicamente a ti
poderes com teu exemplo maior guiar tais
Almas Irmãs em direção à Luz do Conhecimento...
Portanto desempenha com firmeza e segurança
teu papel na Vida, seja este importante ou mesmo humilde,
em perfeita sintonia com teu próximo e sociedade,

pois cada um de nós é uma peça na engrenagem
cósmica que rege nossa Dimensão Humana...
Teu senso de dever cumprido é o que basta
para que o Eterno reconheça a missão cumprida,
fato que te levará a outras Moradas na Casa do Pai,
em tua gloriosa caminhada a caminho da Luz...
O Eterno é sábio e amoroso e nos contempla sempre
com o melhor para nós, que ainda ignorantes
em Espírito, nos mantemos sempre como
Crianças Eternas, quando poderíamos já ser Águias que
voam a caminho do Sol, em alto vôo da
Alma rumo à Sabedoria e Paz a nossas Almas, que nos fará
cada vez melhores e mais evoluídos diante do Cosmo,
que em verdade em tudo nos ampara e provê...

Sejamos portanto gratos mesmo na mais
escura noite de nossas vidas por podermos estar
em Paz Interior, nem que seja por breves
Minutos de Reflexão com nosso Filósofo Divino em
nome do Eterno, em Paz Profunda com o
Cosmo Infinito, bálsamo e remédio a
nossas Almas
imperfeitas, a Caminho da Luz.

DESPEDIDA DO FILÓSOFO DIVINO

Filhos amados, é chegado após Minutos de Reflexão juntos, a hora de minha despedida de todos Vós, com quem estou em todos os momentos de vossas magníficas Vidas na Dimensão Humana...

A todos Vós desejo que tais Minutos de Reflexão tenham sido de algum modo úteis às vossas Almas e Espíritos...

Que em vossas Mentes, fonte maior da Energia Cósmica do Eterno em vossos corpos, eu possa estar sempre presente, em Paz Profunda no Íntimo de vossos Seres... Sempre a vosso inteiro dispor, chamem a mim hoje e sempre a qualquer momento na Alegria ou na Dor na Dimensão Humana...

E agora portanto apresento minha singela Despedida, a todos vós Leitores Amados...

Até breve...

Paulo Lacerda

Breve Biografia do Autor

Nascido em Belém, PA, em 1952, escritor de obras de medicina, odontologia, ciências paramédicas, ciências antigas, parapsicologia, arqueologia médica, neurolingüística, poesia e esoterismo.

Introdutor da terapia ortomolecular em odontologia, com uma única obra publicada internacionalmente.

Tradutor profissional de obras médicas e paramédicas no Brasil e exterior em três idiomas: Inglês, Francês e Espanhol.

Arqueólogo amador com obra inédita em arqueologia médica premiada na Europa e nos EUA.

Parapsicólogo amador com tese defendida em parapsicologia médica em congresso europeu, Lisboa, Portugal, 1991.

Artista plástico com obras surrealistas premiadas nos EUA.

Esoterista e membro ativo de várias fraternidades nos EUA, no Brasil, na Europa e na Ásia.

Astrólogo profissional com obras e tese publicadas na Europa e nos EUA.

Criador do primeiro software mundial da aplicação da Homeopatia em Odontologia: Homeodental 1.0.

Criador do primeiro CD-ROM mundial em medicina tradicional chinesa para Microsoft Inc., EUA.

Aluno convidado da primeira turma do curso de medicina alternativa na escola médica da Universidade de Harvard, EUA, março e abril de 1995.

Conferencista internacional em ciências médicas, ciências antigas, neurolingüística e esoterismo.

Professor convidado de várias instituições culturais nos EUA, na Europa, na África e no Brasil.

Consultor presidente da Orion Education Consultants & Publishers Inc., EUA,

Presidente da Biolaser of America Franchising Inc., EUA.

Membro da International Academy of Letters, London, England.

Reside nos EUA.